ÉTAT

DE

LA QUESTION,

PAR

M. DE CORMENIN.

CINQUIÈME ÉDITION.

Prix : 50 cent.

PARIS,

PAGNERRE, EDITEUR,

RUE DE SEINE, 14 BIS.

1839

ÉTAT DE LA QUESTION.

IMPRIMERIE DE MADAME PORTHMANN,
rue du Hasard-Richelieu, 8.

ÉTAT DE LA QUESTION,

PAR M. DE CORMENIN.

—

Cinquième édition.

—

PARIS

PAGNERRE, EDITEUR

RUE DE SEINE, 14 BIS

—

1839

PRÉAMBULE.

17 février.

J'aurais pu avoir, et je n'ai pas voulu avoir l'honneur de faire la Charte avec les constituants improvisés de 1830, et le peuple sait pourquoi; et je suis trop franc, d'ailleurs, pour ne pas convenir que je l'eusse faite autrement. Mais je suis trop juste aussi pour ne pas reconnaître que si la Charte mal entendue et mal appliquée se rapprocherait le plus près possible de ce que souhaitent les absolutistes, la Charte bien entendue et bien appliquée se rapprocherait le plus près possible de ce que peuvent désirer les démocrates.

Coalitions du centre, de la droite, de la gauche, ministres blancs, ministres rouges, députés de toutes couleurs, députation même, que m'importe? Les principes sont tout pour moi, et je me soucie bien du reste!

C'est mal poser la question que de dire : le Roi doit avoir telle ou telle prérogative, parce qu'abstractivement il est le roi. Car il n'y a pas, en Eu—

rope, deux rois qui se ressemblent par les attributs de leur puissance et par les formes de leur gouvernement.

Il y a le roi des Turcs qui empale, au bout d'un pieu, ses fortunés Osmanlis, ou qui les coud dans un sac et les envoie, la tête la première, au fond du Bosphore.

Il y a le roi des grands et petits Russes, qui expédierait à cent pieds sous terre ses bien aimés sujets, s'ils faisaient mine d'être libéraux, tant seulement autant que M. Molé.

Il y a le roi des Autrichiens dont le despotisme paternel est tempéré par la schlague et le carcere duro.

Il y a le roi des Prussiens dont le despotisme illustré s'avance vers une constitution, sous l'escorte des établissements provinciaux et sous la savante et libérale impulsion de l'Allemagne du nord.

Il y a le roi des Suédois qui en est encore à ses ordres des paysans et de la noblesse.

Il y a le roi des Danois, autocrate bourgeois, qui se lève de table, sa serviette sous le bras, pour donner audience à des paysans en sabots.

Il y a le roi des Napolitains, qui permet à ses sujets de se coucher au grand soleil, le long des quais de la voluptueuse Parthénope, qui traite le peuple de Sicile en pays conquis et qui daigne amnistier son souverain.

Il y a le roi des Belges, qui joue au jeu des quatre coins, et qui trouve toujours la place prise.

Il y a une reine d'Angleterre qui officie pontificalement et qui se fait servir la messe, qui donne à porter la queue de sa robe à des Ducs et Pairs, qui couronne son front virginal d'un diadème de perles et de rubis, et qu'on sert humblement à genoux, mais qui n'a pas la liberté de choisir elle-même ses femmes de chambre.

Il y a une reine de Portugal qui promène tour-à-tour ses vivats et ses serments, entre deux chartes, dont 'une sorte de je ne sais où, et dont l'autre est de je ne sais qui.

Il y a une reine d'Espagne qui a toujours à son service trois ou quatre Constitutions de rechange, selon que la Révolution, la Camarilla ou l'Étranger domine.

Enfin, il y a un roi des Français qui règne tout uniment, de par la Charte. Mais cela ne suffit pas à ce qu'il paraît, à certaines gens experts et avisés qui voudraient mieux, qui voudraient un roi surhumain, venu du ciel ou excru de lui-même, un roi de pure fantaisie, un roi grandiose et qui confondît dans ses mains victorieuses, la double puissance de Napoléon et de Louis XIV. Nous avons à faire, comme on le voit, à des gens de beaucoup d'imagination.

Tantôt ils disent qu'il ne faut pas que le Roi rende son épée, comme s'il avait jamais à la rendre, puisqu'il n'a jamais à la prendre ; tantôt ils prétendent que lorsque la Royauté se met de la partie avec la Pairie, la Chambre des députés doit céder, attendu qu'alors on se trouve deux contre un, et que c'est là ce qui fait la majorité. Tantôt ils insinuent que les Electeurs sont de surcroît et que les choses n'en iraient que mieux si l'on pouvait se passer de Chambre, et il est certain, je suis de leur avis, qu'elles iraient plutôt au but où l'on vise ; tantôt enfin, ils soutiennent éperduement que le Roi sait tout et qu'il peut tout, ce qui reviendrait à dire qu'il saurait tout ce qui peut leur être agréable et qu'il serait de capacité à pouvoir leur donner tout ce qu'ils désirent. Il n'est sorte de prérogatives folles que ces ambitieux ne forgent, de rêves dorés que ces cupides ne poursuivent, de chambre servile que ces flatteurs de la cour, de la police et du cabinet, ne mettent aux pieds des ministres. Il semblerait, en vérité, que l'origine de nos pouvoirs politiques se perde dans la nuit des temps, comme s'ils n'étaient pas nés d'hier, comme si nous ne les avions pas vu sortir de dessous les pavés des barricades, et comme si la Charte n'assignait pas à chacun d'eux, avec autant de clarté que de précision, son étendue et ses limites.

Au Peuple la souveraineté, au Roi

le trône, aux Electeurs du pays la Chambre, à la Chambre le pouvoir, aux Ministres le gouvernement.

Voilà le programme de la Charte.

ÉTAT DE LA QUESTION.

La Souveraineté est universelle, in-divisible et impérissable. Elle ne peut pas se discuter, parce qu'il n'y a point à discuter là où il n'y a point à contredire. Elle ne peut pas s'abdiquer au profit d'une personne, parce qu'en dehors de tous il n'y a personne. Elle ne peut pas se prescrire par quelque pouvoir que ce puisse être. Elle ne peut pas s'aliéner, même pour une partie. Elle ne peut pas se communiquer, même pour un temps. Elle appartient à la nation, à toute la nation, sans mesure et sans bornes. Le gouvernement, quel qu'il soit, monarchique ou républicain, n'est et ne peut être qu'une apparence, un mode, une forme qui n'altère pas l'essence et la pérennité de la souveraineté nationale. Le chef du gouvernement, quel qu'il soit, roi ou président, n'est et ne peut être que le préposé de la nation. L'apparence, le mode, la forme change, la souveraineté subsiste. Les dynasties passent, mais les peuples ne meurent point. La nation avant tout, la nation après tout, la nation toujours.

Le peuple Français n'est qu'un atome devant la majesté de Dieu. Mais le Roi n'est qu'un atôme non plus devant la majesté du peuple Français.

La souveraineté du peuple Français est aussi haute que l'aigle qui plane dans les nues, aussi nombreuse que les trente-trois millions d'habitants qui remplissent nos villes et nos campagnes, aussi étendue que ce pays guerrier, industriel et fertile, baigné par les eaux du Rhin et de l'Océan, et surmonté par les Alpes et les Pyrénées.

La souveraineté du peuple Français est le principe fondamental de la Charte.

Voici maintenant les trois agents de ce principe, le Roi, la Chambre, les Ministres.

La Charte a fait au roi constitutionnel une part immense.

Elle lui a conféré cette inviolabilité
sacrée que n'ont pas même les rois ab-
solus, et qui semble ne pouvoir appar-
tenir qu'aux purs esprits, qu'à Dieu ;

Elle lui a octroyé l'hérédité, à lui
et à sa race, l'hérédité du plus beau
royaume de la terre ;

Elle lui a donné le droit de faire
grâce, le plus sublime attribut que
l'homme puisse recevoir de l'homme ;

Elle lui a permis de prendre les mi
nistres où, quand et tant qu'il veut;

Elle a mis son nom en tête et au bas
des lois et des ordonnances, sur le front

des monuments, sur les lettres de créance des ambassadeurs, sur les mandements des tribunaux, sur les monnaies du pays et sur les drapeaux de l'armée ;

Elle l'a associé à la législature par le choix des ministres, par l'initiative, la sanction et la promulgation des lois, par la nomination illimitée des pairs, par la convocation des colléges électoraux et par la dissolution de la Chambre des députés ;

Elle l'a logé, lui et sa famille, dans douze palais, presque aussi grands que des cités, tout éblouissants des merveilles de l'industrie et de la pompe des arts, et environnés de vastes forêts ou de jardins magnifiques ;

Elle l'a doté et gratifié d'un revenu

si énorme qu'il suffirait à nourrir cinquante mille hommes, puisqu'il lui donne à dépenser cinquante mille francs par jour.

Mais la Charte eût été sans prévoyance si, à ces prérogatives qui soulevaient tout l'Empire, elle n'eût pas attaché des contre-poids.

Ainsi, elle a voulu que le Roi ne pût faire un pas de roi, un geste extérieur de roi, un acte de roi, sans qu'un ministre, son inséparable tuteur, ne se tînt à ses côtés, toujours prêt à le couvrir et toujours prêt à répondre.

S'il veut parler à la Chambre, ce sont les ministres qui rédigent son discours et qui sont là pour le contrôler lorsqu'il le prononce, et pour qu'il n'y soit pas changé une seule syllabe.

S'il dit : J'ai administré, j'ai gouverné, j'ai combattu, j'ai traité, on sait que cela veut dire : Mes ministres ont administré, ont gouverné, ont combattu, ont traité, et laissant là de côté le Roi, on leur répond en conséquence, et on les met, s'il y a lieu, en accusation pour avoir mal administré, mal gouverné, mal combattu, mal traité.

Si les ambassadeurs du Roi signent quelque convention avec les autres Puissances, la France n'est liée que par l'autorisation ou la ratification du Ministre des affaires étrangères.

Si un général d'armée veut assiéger une ville ou donner bataille, il ne prend pas les ordres personnels du Roi, mais les ordres du Ministre de la guerre.

Si l'on demande aux chambres des listes civiles, des apanages, des budgets, c'est le **Ministre des finances.**

Si l'on veut nommer des pairs, c'est le président du Conseil des ministres.

Si l'on convoque les colléges électotoraux, et si l'on dissout la Chambre des députés, c'est le **Ministre de l'inté-**rieur.

Si l'on envoie à un amiral des lettres d'expédition, c'est le **Ministre de la ma-**rine.

Si l'on règle l'ordre des études et les conditions du stage, c'est le **Ministre de** l'instruction publique.

Si l'on frappe comme d'abus l'acte

d'un évêque, c'est le Ministre des cultes.

Le Roi peut choisir ses ministres partout, pourvu qu'il ne les prenne ni dans la minorité de droite, ni dans la minorité de gauche, mais dans la majorité, et que leurs doctrines conviennent à la majorité et leur figure aussi, et qu'elle dise au roi : c'est bien !

Le Roi est la source de toute justice. Mais si le roi s'avisait de faire de son palais un prétoire, et de rendre lui-même le moindre jugement en matière commerciale, civile, correctionnelle ou de police, ce jugement serait à l'instant cassé par la Cour de cassation, pour excès de pouvoir.

Le Roi est le chef suprême de l'État. Mais il n'a pas la puissance d'appeler de sa fenêtre un passant, de s'enfermer secrètement avec lui dans son auguste cabinet, et de lui dire en lui donnant une poignée de main : je vous fais garde champêtre.

Le Roi peut nommer les pairs. Mais une institution de Pairie, intitulée, écrite, signée et paraphée de la main du Roi, et scellée par lui du sceau de ses armes, n'obtiendrait pas même au palais du Luxembourg l'honneur d'une vérification en Chancellerie.

Le Roi a le droit de faire grâce. Mais il ne pourrait empêcher son meilleur ami, condamné à mort, de marcher à l'échafaud, si le contre-seing d'un Ministre ne se lisait pas au bas des lettres de grâce.

Le Roi commande à la force armée.

Mais si un gendarme portait la main sur moi , en vertu d'un ordre du Roi non contre-signé par un Ministre, je lui brûlerais la cervelle et je serais acquitté par les jurés; car je n'aurais fait qu'user de mon droit de légitime défense contre un acte de tyrannie.

Nomination de juges, d'officiers, de préfets, de receveurs, choix de Pairs, arrêts du Conseil, administration, grâce de coupables, octroi de titres, décorations et pensions, levées d'hommes, levées d'impôts, discours du trône, traités diplomatiques, ordonnances, lois, réglements, convocation de colléges, dissolution de Chambre, un roi constitutionnel peut tout cela avec les ministres. Il ne peut rien de tout cela, absolument rien sans eux.

La Royauté n'a été placée par la Charte

dans une région éthérée, au-dessus de la foudre et des éclairs, qu'à condition de ne pas mettre le pied dans les orages.

Mais le perpétuel sophisme des absolutistes est de prétendre, en thèse générale, que les peuples sont faits pour les rois, tandis que c'est au contraire les rois qui sont faits pour les peuples ; et, en thèse particulière, que le roi des Français possède la plénitude et les réalités de la représentation nationale, tandis que la Charte a établi que la Nation serait représentée par la Chambre élective, qu'elle serait servie par des Ministres responsables, et que le Monarque se contenterait de régner.

Au contraire, la chose du monde la plus arbitraire, la plus despotique, la plus impolitique, la plus incompréhen-

sible, la plus irrationnelle, [2] la plus dé-
gradante, la plus impie, la plus mons-
trueuse, la plus folle, la chose qu'on
ne voit pas même en Turquie, serait un
roi inviolable qui personnellement gou-
vernerait; car vous n'êtes inviolable
que parce que vous êtes impeccable,
et vous n'êtes impeccable que parce
que vous ne pouvez rien faire; que
si vous pouviez faire, vous pourriez mal
faire; que si vous pouviez mal faire,
vous seriez peccable; que si vous étiez
peccable, vous seriez responsable, et que
si vous étiez responsable, vous pourriez
être violé.

Cela est-il clair, moral et logique?
Oui. Cela est-il établi quelque part? Oui,
dans la Charte, dans la Charte jurée.

Où donc alors, dira-t-on, le Pouvoir est-il constitutionnellement placé? Où? Dans la Chambre des députés. Pourquoi? Parce que la Chambre des députés est élective et indépendante. C'est parce qu'elle est élective, qu'elle tire le pouvoir de sa source, de la souveraineté nationale. C'est parce qu'elle est indépendante, qu'elle l'assure dans ses mains.

Si je ne fais pas compte ici de la Chambre des pairs, c'est qu'elle est plutôt une cour de justice qu'une législature, une décoration de la Charte qu'une indispensabilité; c'est qu'elle a elle-même la conscience invincible de sa nullité politique; c'est qu'elle vit au jour le jour, non de sa vie propre, mais d'une vie communiquée ; c'est qu'elle ne peut marcher où elle voudrait, avec des jambes d'emprunt; c'est qu'il ne dépend pas d'elle que sa majorité d'aujourd'hui soit sa majorité de demain ; c'est qu'elle n'est pas un secours à la liberté, car elle ne sort pas de l'élection ; c'est qu'elle n'est pas un obstacle au ministère, car il a raison d'elle quand il veut. Si on l'aime mieux décrépite, on la laisse se traîner sur ses genoux. Si l'on veut la rajeunir, on transfuse dans ses veines du nouveau sang de pair. Les ministres n'ont pas même à s'emporter avec la Pairie à de telles extrémités ; ils ont plutôt à bénir qu'à maudire le fruit de leurs entrailles, et il est rare qu'ils lui administrent le remède paternel de la fournée.

Le vice capital de la Pairie est d'être impuissante pour responsabiliser les ministres. Aussi, les ministres qui sentent cette impuissance, ne s'occupent-ils guères de ce que peut vouloir ou ne pas vouloir la Pairie, et le Pays non plus.

Il n'en est pas de même de la Chambre des députés. On peut concevoir une monarchie représentative sans Chambre des pairs ; on ne pourrait la concevoir sans Chambre des députés. Avec des députés nationaux, cette Chambre serait tout ; avec des députés privilégiés, elle est déjà beaucoup, elle est presque tout.

Il y a des conséquences qui sortent forcément de leur principe. Il y a des choses qui sont, parce qu'il est impossible qu'elles ne soient pas. Une Chambre nommée par les contribuables, qui vote annuellement lois, hommes, argent, sera toujours, quoi qu'on dise et quoi qu'on fasse, omnipotente ; car elle tient entre ses mains, par la menace éventuelle et pendante du refus de l'impôt, tous les services généraux, la marine, l'armée, la dette publique, et jusqu'à la liste civile.

On peut la dissoudre une fois, c'est une mesure grave ; une seconde fois, c'est un coup d'état ; une troisième fois, c'est une révolution.

Cédez, la Chambre l'emporte ; ne cédez pas, la Nation, par l'organe de ses électeurs, s'informe et prononce, et si la Nation renvoie la même Chambre, le Roi se rend. Ainsi, en fin de compte, si veut la Nation si veut la Chambre, si veut la Chambre si veut le Roi, et c'est justice ! car enfin, la Chambre, c'est la Nation, et la Nation est le Souverain.

D'après la Charte, le trône est héréditaire, mais le pouvoir ne l'est pas.

La Nation ne fait pas elle-même les lois, mais elle fait la Chambre qui fait les lois.

La Chambre n'administre pas, mais elle fait les ministres qui administrent.

La Chambre n'a ni la souveraineté qui est au peuple, ni le règne qui est au Roi, ni l'exécution qui est aux Ministres, mais elle a le pouvoir.

A leur tour, les Ministres n'ont ni le règne ni le pouvoir, mais ils ont le gouvernement.

Ce n'est pas celui qui signe qui véritablement gouverne, c'est celui qui contre-signe. Or, celui qui contre-signe est le ministre. Ce n'était pas l'idole qu'on adorait à genoux qui rendait les oracles, c'était le prêtre caché dans le creux de l'idole.

Les Ministres ont donc les réalités du gouvernement dont le Roi n'a que les honneurs ; mais ils couvrent le Roi, ou plutôt il ne couvrent que leurs propres actes. Or, la moralité de leur responsabilité veut qu'ils soient libres. La vérité de leur responsabilité veut qu'ils sortent, pour exprimer sa volonté, de la majorité parle mentaire.

La conséquence de l'inviolabilité du Roi, c'est qu'il ne peut rien. La conséquence de la responsabilité des Ministres, c'est qu'ils peuvent tout.

Etre libre de ne pas faire ce que le Roi personnellement veut et de faire ce qu'on veut que le Roi fasse, c'est être tout, et les Ministres abuseraient de cette excessive puissance, si elle n'était bornée du côté du Roi par la révocation, et du côté de la Chambre par la mise en accusation et surtout par le refus de concours.

Chose assez singulière! Sous une République, avec un président responsable, le gouvernement est le fait d'un seul. Sous une Monarchie, avec des ministres responsables, le gouvernement est le fait de plusieurs. Van Buren est, dans la commune acception, plus véritablement roi que Louis-Philippe. Mais Van Buren n'est pas inviolable.

Gouverner, c'est le droit et le devoir

des ministres , et cette action de leur
part est si nécessaire qu'il serait plus
facile de concevoir, pour un temps du
moins, des ministres sérieusement responsables sans roi, qu'un monarque
constitutionnel sans ministres sérieusement responsables.

Un monarque inviolable peut être
impunément enfant, décrépit, femme ou fou; mais un ministre ne peut
être impunément à la mamelle, décrépit,
femme ou fou; c'est que l'un ne répond
de rien et que l'autre répond de tout.

Il en répond devant le pays. Le pays!
il est le commencement et il est la fin de
la politique. C'est de lui que tout part,
c'est à lui que tout revient.

La souveraineté du pays se traduit

pratiquement par la majorité des électeurs, la majorité des électeurs par la
majorité de la Chambre, la majorité de
la Chambre par les ministres de cette
majorité.

Donc, la dernière expression de la
souveraineté du pays est, d'après la
Charte, le gouvernement parlementaire.

Donc aussi, plus les députés sorti-
ront de la majorité de la nation, plus
l'on se rapprochera, en droit et en fait,
du principe fondamental de la Charte.
plus enfin les ministres seront liés, unis
et incorporés avec la majorité de la
Chambre, plus le gouvernement représentatif aura de vérité, de ressort, d'in-
dépendance et d'homogénéité.

Il faut le dire, il faut le répéter, il

faut le crier sur les toits, et j'en appelle ici à ceux qui firent la Charte, un roi inviolable et héréditaire n'était acceptable par des hommes libres et sérieux, qu'à ces conditions-là.

Est-ce à dire qu'une majorité parlementaire n'abuse pas quelquefois de son omnipotence et ne fasse point de sottises ? Non, mais sottises pour sottises, il vaut mieux encore pour le pays, avoir à subir celles des hommes du pays que celles des hommes de la cour. Les hommes du pays ont ces cinq avantages sur les hommes de la cour, qu'ils sont plus indépendants, qu'ils ne se trompent pas aussi souvent, qu'ils coûtent moins au budget, qu'ils n'ont pas de pensée immuable, et qu'ils sont du pays.

Il n'y a personne maintenant qui ne

puisse reconnaître et dire, d'après ce qui précède et la Charte à la main, quand le gouvernement représentatif se trouve dans le faux et quand il se trouve dans le vrai.

Le Gouvernement de la Charte se trouverait dans le faux, si le monarque irresponsable pouvait imposer aux ministres responsables les fantaisies de sa volonté.

S'il pouvait traiter directement avec les chancelleries des cabinets étrangers par courriers, télégraphes, autographes, notes et dépêches occultes.

Si tous les mystères d'Etat n'étaient

pas répandus ouvertement sur la table du conseil des ministres.

Si, au lieu d'être des ministres, les conseillers de la couronne n'étaient que des secrétaires des commandements.

Si, au lieu d'avoir un système propre et dominant, ils n'avaient qu'un système d'emprunt et de très-humbles et très-obéissants serviteurs.

Si, au lieu de tourner leurs regards vers la nation, ils les tournaient vers la cour.

Si, au lieu de se retirer devant la majorité, ils cherchaient à l'intimider par la peur, à la corrompre par la faveur, à la surprendre par la ruse, à la rompre par la dissolution.

S'ils ne songeaient qu'à l'intérêt des

camarillaires et de leurs propres créatures, au lieu d'avoir constamment en vue l'intérêt, les droits, le bonheur et la gloire du peuple Français.

S'ils agissaient dans les élections par dons, promesses, grâces locales et individuelles, fraudes, menaces et destitutions, au lieu de consulter l'opinion pour lui obéir.

Si les électeurs, encore plus corrompus ou plus inintelligents, n'expédiaient en Chambre que des garçons de bureau, des coqs de paroisse, des écuyers cavalcadours, et des fauteurs d'une sorte de gouvernocratie personnelle, au lieu d'envoyer des hommes virils, économes, indépendants et purs.

Si la Chambre remplie, bondée, gorgée, regorgée de fonctionnaires publics, exploitait le budget comme une mine d'or pour en tirer des lingots, au lieu de laisser aux contribuables le plus d'argent possible qui n'est jamais mieux placé que dans leurs poches.

Si elle oubliait que, comme tous les despotismes, toutes les libertés sont solidaires ; si l'orgueil du nom français ne remplissait pas toute son âme ; si l'écho de nos victoires ne sonnait pas à son oreille les marches triomphales d'Austerlitz et d'Iéna ; si elle se repliait sous l'aile de la peur en face d'un Prussien, d'un Cosaque ou d'un Pandour.

Si, passant des tremblements du vote secret aux témérités de l'omnipotence, elle se mêlait de juger au lieu de voter, de gouverner elle-même au lieu de contrôler le gouvernement, de se coaliser au lieu de s'unir, et d'asservir les ministres au lieu de leur laisser la liberté morale et responsable de leurs actions.

Le Gouvernement de la Charte se trouverait au contraire dans le vrai, si les députés fonctionnaires ne voulaient pas cumuler, malgré leur radicale incompatibilité, les honneurs du législatif avec les bénéfices de l'exécutif;

Si les gens de cour se contentaient de rester chez eux, à thésauriser de bonnes piles d'écus, à parader, à caracoler, à danser, à chanter, à bien manger et à bien boire;

Si l'on n'employait l'or du budget, amassé par tant de sueurs et de larmes, qu'à la défense de l'État, à la protection de l'agriculture et du commerce, à la splendeur des arts, à des dépenses populaires et productives, et au soulagement des pauvres;

Si, toute affaire cessante, on s'occupait jour et nuit, dans les ministères et dans les Chambres, à procurer aux travailleurs le bien-être, l'instruction et le droit;

Si l'on ne semait pas la corruption pour recueillir l'égoïsme;

Si l'on n'assoupissait pas jusqu'à la léthargie, si l'on ne desséchait pas, si l'on ne matérialisait pas une société naguères si sensible, si fière, si chevaleresque, si glorieuse, mais dont le cœur ossifié ne palpite plus maintenant aux noms chers, aux noms sacrés de liberté et de patrie;

Si l'on n'étalait pas, avec de risibles jactances, les oripeaux d'une paix à tout prix, haute de verbe envers les petits, humble envers les forts, rouge de honte, retirée du pied, la pointe de l'épée en bas, imprévoyante, trembleuse et recoquillée en son coin;

Si pour plaire, si pour revenir aux traditions de l'antique monarchie, l'on ne violait pas dans la marine et dans l'armée, la loi d'égalité;

Si pour plaire, si pour revenir aux traditions de l'antique monarchie, l'on ne songeait pas encore, et nous le savons, à reproposer des apanages immobiliers;

Si pour plaire, si pour revenir aux traditions de l'antique monarchie, l'on ne rêvait pas de s'arranger un tout petit gouvernement d'antichambre, complaisant, discret et soigné, en dehors du gouvernement national et parlementaire;

Si les huit entrepreneurs de dissolution se coalisaient, non pas pour la sainte garde de leurs portefeuilles, mais pour la grandeur de l'empire et l'union de tous les citoyens;

Si la liberté du jury n'était pas altérée par le triage des préfets; si la liberté individuelle n'était pas garottée par les liens de la prévention; si la liberté des cultes n'était pas interdite par les fermetures de la police; si la liberté de discussion n'était pas enchaînée par les lois de septembre;

Si tous les contribuables étaient appelés à nommer, ce qui est bien juste

pourtant, les députés qui doivent contrôler l'emploi qu'on fait de leur argent;

Enfin, si les ministres n'allaient pas
prendre, pour les affaires du dedans, le
mot d'ordre de la Cour, et pour les
affaires du dehors, le mot d'ordre de la
Sainte-Alliance.

En résumé, à toute la Nation la souveraineté; à la majorité des Electeurs
universels la nomination de la Chambre;
à la Chambre l'omnipotence constitu-
tionnelle; au Roi les honneurs du trône,
la représentation extérieure, la supréma-
tie nominale, l'hérédité et l'inviolabilité;
aux Ministres responsables le gouvernement.

La France veut le gouvernement du pays par le pays ; la Cour veut le gouvernement personnel du roi.

Au bout de l'un se trouve l'ordre et la liberté ; au bout de l'autre, une révolution.

Voilà l'état de la question.

———

20 février.

Le temps me manque pour réfuter les gouvernocrates de la presse ministérielle, qui disent que ce n'est pas là l'*État de la Question*. Mais ils ne perdront pas pour attendre ; je leur dirai comment ils auraient dû s'y prendre soit pour m'attaquer, soit pour se défendre, et je leur ferai voir ce que c'est qu'un logicien.

Paix, ordre, liberté, voilà la conséquence de l'omnipotence selon la charte. Guerre, anarchie, révolution, voilà la conséquence de l'omnipotence selon la cour.

Le gouvernement parlementaire commencerait au peuple, traverserait la chambre et finirait aux ministres; le gouvernement personnel commencerait au roi, traverserait la garderobe et finirait aux écuyers cavalcadours.

C'est bien là l'*État de la question*, et il n'y en a pas d'autre.

CATALOGUE

DES
PUBLICATIONS POPULAIRES,
INDUSTRIELLES, SCIENTIFIQUES, HISTORIQUES ET POLITIQUES,

de

PAGNERRE, ÉDITEUR,

RUE DE SEINE, 14 BIS.

BIBLIOTHÈQUE DES ARTS ET MÉTIERS,

Collection de Livres—Manuels,

À L'USAGE DES INDUSTRIELS, DES AGRICULTEURS,
DES FABRICANTS ET DES OUVRIERS.

Plan.

Le **LIVRE** de chaque profession est divisé en *six parties :*

Première partie. — Précis historique du métier ou de l'industrie dont traite le volume.

Deuxième partie. — Biographie des hommes qui s'y sont distingués.

Troisième partie. —Manuel complet, théorique, scientifique et pratique de cette industrie ou de ce métier.

Quatrième partie. — Législation qui s'y rapporte.

Cinquième partie. — Préceptes hygiéniques qui y sont applicables.

Sixième partie. — Catalogue des ouvrages qui en ont traité.

Rédaction.

PARTIES HISTORIQUE, BIOGRAPHIQUE et **PROFESSIONNELLE** ; par des écrivains spéciaux et par les hommes les plus compétents de chaque profession.

PARTIE HYGIÉNIQUE; par les Docteurs Louis DE LA BERGE, agrégé à la Faculté de Médecine de Paris, MONNERET, professeur d'hygiène de l'Association Polytechnique, et SAINT-MACARY.

Exécution matérielle

La **BIBLIOTHÈQUE DES ARTS ET MÉTIERS** formera environ 100 volumes : un **LIVRE** pour chaque profession.

Imprimés en caractères neufs sur très-beau papier, ces livres sont accompagnés de planches et figurés gravées avec soin.

Chaque volume, contenant de 200 à 400 pages, se vend séparément 1 fr. 50 ou 2 fr. 50.

LES VOLUMES SUIVANTS SONT EN VENTE.

Arts Agricoles.

Les six ouvrages qui suivent forment une Encyclopédie complète de la science agricole.

LIVRE DU CULTIVATEUR, *Guide complet de la Culture des champs*, contenant un Précis historique de l'agriculture; une Biographie des plus célèbres agriculteurs; un Traité complet, théorique et pratique, de la culture rurale, et un extrait de la Législation qui s'y rapporte, suivi de l'*Hygiène du Cultivateur*. 1 vol. de 330 pages, avec 23 figures d'instruments aratoires.   2 fr.

LIVRE DU PROPRIÉTAIRE ET DE L'ÉLEVEUR D'ANIMAUX DOMESTIQUES, contenant un Précis historique et biographique; un Guide complet, théorique, scientifique et pratique, de l'élève, de l'éducation et de l'entretien de tous les animaux domestiques : le cheval, l'âne, le mulet, le bœuf, la vache, le veau, le mouton, le porc, le lapin, le chien, le chat, et tous les oiseaux de basse-cour; un Traité de la législation qui s'y rapporte, suivi de l'*Hygiène de l'Éleveur*. 1 vol. de 360 pages, avec 56 figures.   2 fr. 50

LIVRE DU VIGNERON ET DU FABRICANT DE CIDRE, *poiré, cormé et autres vins de fruits*, contenant le Précis historique de la vigne et de son produit, du cidre, etc.; un Précis biographique; un Traité complet, théorique, scientifique et pratique, de la culture de la vigne, du pommier, poirier, cormier, cerisier, prunier, etc., et de la fabrication de leurs vins; un Traité de la législation qui s'y rapporte, suivi de l'*Hygiène du Vigneron*. 1 vol. de 250 pages, avec 21 figures.   2 fr.

LIVRE DU FORESTIER, *Guide complet de la culture et de l'exploitation des bois, et de la fabrication des charbons et des résines*, contenant un Précis historique de la science forestière; une Biographie des hommes qui s'y sont distingués;

un Traité complet de la culture et de l'exploitation des bois et de la législation qui s'y rapporte, suivi de l'*Hygiène du Forestier*. 1 vol. de 320 pages, avec 19 figures.	2 fr.

LIVRE DU JARDINIER, *Guide complet de la culture des jardins fruitiers, potagers et d'agrément,* contenant un Précis historique et biographique; un Traité complet de l'établissement, de la culture et de l'entretien des jardins d'utilité, fruitiers, potagers, ainsi que des jardins d'agrément, français et anglais; une description de toutes les espèces, variétés et sous-variétés d'arbres fruitiers, plantes potagères, arbres, arbustes, fleurs d'agrément, enfin l'indication des meilleurs moyens de conserver les fruits, suivi de l'*Hygiène du Jardinier*. 2 vol. de 600 pages, avec figures.	4 fr.

LIVRE DE L'ÉCONOMIE ET DE L'ADMINISTRATION RURALES, *Guide complet du fermier et de la ménagère,* contenant un Traité sur le LAIT, la fabrication du BEURRE et toutes les espèces de FROMAGES; des Notions étendues sur la conservation des *Laines, Poils, Crins, Plumes* et sur les préparations que ces matières doivent subir pour acquérir toute leur valeur; sur la conservation des VIANDES, par le *salage,* le *fumage* et la méthode d'*Appert;* sur le parti que le cultivateur peut tirer des animaux morts; sur les meilleurs moyens d'obtenir la *filasse* du LIN et du CHANVRE; sur l'éducation des ABEILLES; enfin, un Guide complet de l'entrepreneur et de l'administrateur de biens ruraux, accompagné de nombreux modèles d'actes et des règles de la Jurisprudence, suivi de Préceptes hygiéniques. 1 vol. de 330 pages, avec 49 figures.	2 fr. 50

Ces 6 volumes, qui ont déjà reçu les encouragements de plusieurs Sociétés agronomiques et Comices agricoles, sont dus à M. MAUNY DE MORNAY, savant agriculteur, qui joint à une longue expérience de la pratique une connaissance approfondie de la théorie. Ils forment une véritable encyclopédie agricole, riche de faits et d'observations, et mise à la portée de tous par la clarté de sa rédaction comme par la modicité de son prix.

Encyclopédie agricole.

Composée des 6 ouvrages précédents. 7 volumes in-18, grand raisin, contenant la matière de 10 gros volumes in-8 ordinaires. Prix : 15 fr.

LIVRE DE L'ARPENTEUR-GÉOMÈTRE, *Guide de l'arpentage et du lever des plans*, contenant un Précis historique, des Notices biographiques, des principes généraux de géométrie et de trigonométrie, la description des instruments nécessaires au géomètre, le lever du plan sur le terrain et son tracé sur le papier, le rapport sur le terrain d'un plan tracé sur le papier, les méthodes les plus sûres pour copier un plan, le réduire ou l'augmenter, le lavis, le bornage, et la rédaction des procès-verbaux, la mesure des solides, etc., par MM. PLACE et FOUCARD, *arpenteurs-géomètres*, suivi de l'*Hygiène de l'Arpenteur*. 1 vol. de plus de 250 pages, avec un très-grand nombre de figures. 2 fr.

Arts du bâtiment.

LIVRE DU TOISEUR-VÉRIFICATEUR, *Guide complet du Toisé de tous les ouvrages de bâtiment, suivant les anciennes et les nouvelles mesures*, contenant les meilleures méthodes pour le toisé des travaux de terrasse, maçonnerie, charpente, couverture, menuiserie, serrurerie, carrelage, plomberie et zinc, marbrerie, sculpture, stuc et pavé vénitien, poëlerie, fumisterie, peinture, vitrerie, tenture, dorure, pavage, grillage, treillage et vidange, par M. A. DIGEON, *toiseur-vérificateur*, suivi de l'*Hygiène du Toiseur*. 1 vol. de 330 pages, avec 54 figures. 2 fr.

LIVRE DE LA COMPTABILITÉ DU BATIMENT. *Guide complet de la mise à prix de tous les travaux de construction.* 2e partie du livre du Toiseur. 1 vol. 2 fr.

Chaque volume se vend séparément.

Sous presse : Les LIVRES du *Menuisier*, du *Charpentier*, du *Maçon*, du *Peintre*, du *Poëlier-Fumiste*, du *Serrurier*, etc.

Arts industriels.

LIVRE DU FABRICANT DE SUCRE ET DU RAFFINEUR, contenant un Précis historique sur le sucre; une Biographie des hommes qui ont aidé à la propagation ou au perfectionnement de cette industrie; un Traité complet de la fabrication des différentes variétés de ce sel; un Traité du raffinage, et de la fabrication du noir animal, enfin un extrait de la législation qui se rapporte au sucre, par M. MAUNY DE MORNAY, suivi de l'*Hygiène du Fabricant et du Raffineur du sucre*. 1 vol. de 330 pages, avec 56 fig. de machines et d'appareils.   2 fr. 50

LIVRE DU BRASSEUR, *Guide complet de la fabrication de la bière*, contenant un précis historique sur la bière; un Traité complet, théorique, scientifique et pratique, de la fabrication de toutes les bières françaises et étrangères; des instructions pour faire la bière chez soi; un extrait de la législation sur la bière, par M. DELESCHAMPS, chimiste-manufacturier, membre de la Société d'encouragement et de plusieurs Sociétés savantes françaises et étrangères; suivi de l'*Hygiène du Brasseur*. 1 vol. de 180 pages.   1 f. 50

LIVRE DES LOGEURS ET TRAITEURS, *Code complet des Aubergistes, Maîtres d'hôtel, Teneurs d'hôtel garni, Logeurs, Traiteurs, Restaurateurs, Marchands de vin*, etc., contenant l'historique des maisons où l'on donne à manger et à boire; la Législation, la Jurisprudence et les règles de police relatives à ces établissements dans leurs différents rapports avec l'autorité, les voyageurs et les consommateurs; les Dispositions législatives et réglementaires sur les poids et mesures, suivis d'un Traité complet sur la *Législation des boissons*, droits de circulation, octrois et impôts de consommation. 1 vol. de 210 pages.   1 fr. 50

LIVRE DU TAILLEUR, *Guide complet du tracé, de la coupe et de la façon des vêtements*, contenant un Précis historique de l'art du tailleur; une Biographie des hommes qui s'y sont distingués; un Traité complet, théorique, pratique, et d'après les règles géométriques, du tracé, de la coupe et de la confection de tous les vêtements civils et militaires, par M. Augustin GANNEVA, tailleur à Paris, suivi de l'*Hygiène du Tailleur*. 1 vol. avec 54 figures. 1 fr. 50 c.

LIVRE DU MEUNIER, DU NÉGOCIANT EN GRAINS ET DU CONSTRUCTEUR DE MOULINS, contenant, etc., par M. MAUNY DE MORNAY. 1 vol. de 330 pages avec un très-grand nombre de fig. 2 fr. 50

SOUS PRESSE. — Livres du *Bijoutier-Joaillier*, du *Ferblantier-Lampiste*, du *Pharmacien*, les *Transports par terre et par eau*, du *Teinturier*, de l'*Oculiste*, etc.

AVANTAGES DE CES LIVRES SUR LES MANUELS.

Les ouvrages connus sous le nom de **MANUELS** ne traitent exclusivement que de la partie professionnelle de l'art. — Chacun de ces **LIVRES** est une *Encyclopédie complète* de toutes les connaissances nécessaires à l'ouvrier comme à celui qui l'occupe.

Les **MANUELS** manquent généralement de précision, de clarté, de méthode; ce ne sont, pour la plupart, que des assemblages de matériaux accumulés sans discernement, ou bien des compilations indigestes où la partie scientifique est souvent arriérée d'un quart de siècle. — Le concours des spécialités les plus compétentes et les plus distinguées, travaillant sur un plan discuté à l'avance, garantit à nos **LIVRES** une rédaction en rapport avec les progrès de la science, et parfaitement appropriée à chaque sujet.

Les **MANUELS** se vendent 2 fr. 50, 3 fr. et 3 fr. 50 le volume. — Nos **LIVRES**, imprimés avec plus de soin, sur plus beau papier et dans un format plus convenable, ne se vendent que 1 fr. 50, 2 fr. et 2 fr. 50 c.; c'est-à-dire un tiers meilleur marché.

NOTA. Pour recevoir *franco* par la poste, il faut ajouter 50 cent. au prix de chaque volume.

Les Éditeurs de la Bibliothèque des Arts et Métiers voulant tenir le Livre de chaque profession au courant de la science et des progrès de l'industrie, invitent les personnes qui auraient des erreurs à signaler ou des faits utiles à faire connaître, à en donner communication à M. PAGNERRE, Directeur de la Bibliothèque des Arts et Métiers.

Il aura trente livraisons qui contiendront la matière de dix volumes in-8° ordinaire.

La première livraison paraîtra en février prochain.

Prix :

AU BUREAU, chaque livraison :   50 cent.
      L'ouvrage entier.   15 fr.
PAR LA POSTE, chaque livraison :   65 cent.
      L'ouvrage entier.   19   50

On peut souscrire pour tel nombre de livraisons que l'on désire.

Toutes les livraisons pourront être remplacées au prix de souscription (50 centimes).

Les personnes qui souscriront à l'ouvrage entier et paieront à l'avance le prix de 15 fr. pour Paris, et 19 fr. 50 pour les départements, recevront les livraisons *franco* à domicile.

Nouvelle publication.

VOYAGE AUX ETATS UNIS, ou *Tableau de la Société Américaine,* comprenant : institutions politiques, gouvernement, administration, budget, douanes, propriété, esclavage, commerce, industrie, manufacture, salaire, voies de communications, mœurs, habitudes, religion, etc., etc.; par miss MARTINEAU; traduit de l'anglais, par M. *Benjamin-Laroche.* 2 forts volumes in-8.   5 fr.

Cet ouvrage, qui a obtenu en Angleterre un succès immense, méritait d'être popularisé en France par une nouvelle publication à bon marché. C'est le tableau le plus complet qui ait encore été publié sur l'état politique, industriel, agricole, commercial, manufacturier, social et religieux, de l'Amérique du nord.

L'ouvrage anglais coûte près de 40 francs, et la première publication, en France, se vendait 15 francs.

M. CORMENIN.

LETTRES SUR LA LISTE CIVILE ET SUR L'A-PANAGE, suivies d'*Un Mot* sur le pamphlet de police intitulé la *Liste civile dévoilée*, et du *Conclusum* (3e pamphlet sur l'apanage). 23e édition; augmentée des *Lettres à Casimir-Périer et à M. de Schonen*. 1 joli vol. in-32, sur papier fin satiné, orné du portrait de M. CORMENIN.   1 fr. 25

Cette nouvelle édition, plus complète que les précédentes, contient tout ce que l'auteur a écrit sur la liste civile et l'apanage. *On vend séparément, pour compléter les éditions antérieures*, le MOT et le CONCLUSUM.   25 c.

TRÈS-HUMBLES REMONTRANCES *de Timon* au sujet d'une compensation d'un nouveau genre que la liste civile prétend établir entre quatre millions qu'elle doit au trésor et quatre millions que le trésor ne lui doit pas, avec cette épigraphe: *Rendez-moi mes lapins, rendez-moi mes lapins!* In-32. 5e édit. (pouvant se joindre au volume précédent).   50 c.

DEFENSE DE L'EVÊQUE DE CLERMONT devant les Révérends pères du Conseil d'état, suivie de l'ordonnance royale et de sa réfutation; par TIMON. in-32, 5e édit.   50 cent.

DIALOGUES POLITIQUES DE MAITRE PIERRE, contenant 6 dialogues.   25 c.

LE MAITRE D'ÉCOLE. 16 pages in-32 vélin, avec deux jolies vignettes. 3 fr. le cent.   L'ex.: 5 c.

PORTRAIT DE M. CORMENIN, lithographié par JULIEN. In-4, papier de Chine.   75 c.
Papier ord.   25 c.

ÉTUDES SUR LES ORATEURS PARLEMENTAI-RES, par TIMON; 8e édition; considérablement augmentée. 2 vol. in-32.   2 fr. 50
Les mêmes, avec 8 portraits lithographiés.   3 fr.

Le tome 1er, qui renferme tous les portraits inédits, se vend séparément pour compléter les éditions précédentes.   1 fr. 25

M. Lamennais

LIVRE DU PEUPLE. 1 joli vol. in-32, sur jésus vélin, 6e édition augmentée, 200 pages.   1 fr. 25

Le même, nouvelle édit. de luxe. 1 vol. in-8.   3 f. 75

PAROLES D'UN CROYANT ; nouvelle et très-jolie édition.   75 c.

AFFAIRES DE ROME, nouvelle édition ; 2 volumes in-32, jésus vélin.   2 fr. 50

POLITIQUE A L'USAGE DU PEUPLE, Recueil des articles publiés dans le journal le *Monde*, par M. LAMENNAIS, du 10 février au 4 juin 1837. 2 vol. in-32, jésus vélin. 2e édit. 1 vol. in-32.   2 fr. 50

NOTA. Ces ouvrages, ainsi que ceux de MM. Cormenin, Altaroche, Chapuys-Montlaville, P.-L. Courier, sont imprimés dans le même format ; ils commencent une *Bibliothèque politique* dans laquelle nous ferons successivement entrer toutes les productions de nos écrivains populaires.

PAROLES D'UN CROYANT, belle édit. in-8.   2 fr. 50

DE LA SERVITUDE VOLONTAIRE. In-8.   1 fr. 50

On trouve chez le même éditeur tous les autres ouvrages de M. Lamennais.

M. Chapuys-Montlaville.

ÉTUDE SUR TIMON. In-32. 2e édit.   25 c.

Cette étude sur notre grand peintre politique peut se joindre à toutes les éditions in-32 des *Orateurs parlementaires*.

QU'EST-CE QUE LE TIERS-ÉTAT. Brochure publiée en 1789, par SIÈYÈS, précédée d'une introduction par M. CHAPUYS-MONTLAVILLE, député ; 1 vol. in-32, jésus.   1 fr. 25

P.-L. Courier.

PAMPHLETS politiques et littéraires, avec la Notice de A. CARREL. 2 vol. in-32, jésus vélin.   2 f. 50

LA NÉMÉSIS, par BARTHÉLEMY, nouvelle édition (1839). 2 vol. in-32, jésus-vélin.   2 fr. 50

M. Altaroche.

CONTES, DIALOGUES ET MÉLANGES DÉMO-CRATIQUES. 1 joli vol. in-32, sur jésus-vélin. 2e édition in-32.   1 fr. 25

Cet ouvrage, dû au talent, déjà si remarquable, du jeune rédacteur en chef du *Charivari*, est la première livraison d'une série de contes sur les plus importantes questions économiques, politiques et sociales. La 1re édition a été vendue en moins de deux mois.

CHANSONS POLITIQUES (nouvelles; 1838), 1 joli vol. in-32, 2e édit. sur jésus-vélin.   1 fr. 25

M. Cabet.

RÉVOLUTION DE 1830 ET SITUATION PRÉSENTE, expliquées et éclairées par les révolutions de 1789, 1792, 1799 et 1804, et par la restauration. 2 vol. in-12, avec couvertures imprimées. — Les 2 volumes :   1 fr. 20

Même édition, 1 beau vol. in-8, papier fin.   3 fr.

Trois éditions successives, tirées ensemble à plus de 20,000 exemplaires, constatent l'immense succès obtenu par cet ouvrage, le plus riche en faits et en documents, le seul complet qui ait été écrit sur la révolution de 1830.

PROCÈS DE M. CABET devant la Cour d'assises, 6 brochures in-8.   1 fr. 50

Ces 6 brochures comprennent tous les faits relatifs au procès subi par M. Cabet, à l'occasion de la publication de son ouvrage la *Révolution de 1830.*

PROCÈS DE M. CABET, DIRECTEUR DU POPU-LAIRE;—discours à la Chambre des députés, débats et condamnation à la Cour d'assises, 2 br. in-8. 50 c.

Ce procès est celui où le directeur du *Populaire* fut condamné à 2 ans de prison, 4,400 *francs d'amende.*

PROCÈS DU PATRIOTE DE LA COTE-D'OR. 25 c.

JUSTICE D'AVRIL, lettre à M. Guizot (écrite de Londres, en 1835). In-8.   25 c.

Paris révolutionnaire,

Par MM. Altaroche, Arago, Cavaignac, Cormenin, F. Degeorge, Fontan, Hauréau, Laponneraye, A. Luchet, A. Marrast, F. Piat, Raspail, Trélat, etc., etc., *nouvelle publication*. 4 beaux et forts vol. in-8. — L'ouvrage complet.   9 fr.

Tout le monde connaît le succès qu'obtint cet important ouvrage lors de sa première publication, malgré le prix élevé auquel l'éditeur avait été obligé de le porter.

Général Soltyk.

LA POLOGNE; Précis historique, politique et militaire de sa révolution, précédé d'une esquisse de l'histoire de Pologne, depuis sa fondation jusqu'en 1830, par ROMAN SOLTYK, membre de la diète, général de brigade d'artillerie. 2 vol. in-8, accompagnés de 4 cartes et de 4 portraits.   16 fr.

Cet ouvrage est, jusqu'à ce jour, le plus exact et le plus complet qui ait été publié en France sur la révolution de Pologne.

Société Aide-toi, le Ciel t'aidera.

COMPTES RENDUS DES SESSIONS LÉGISLATIVES, publiés par la Société *Aide-toi, le Ciel t'aidera*. Sessions de 1832, — 1833, et 1834. — 3 vol. in-8.   7 fr. 50

Chaque volume se vend séparément.   2 fr. 50

BIOGRAPHIE DES DÉPUTÉS, session de 1831. 1 vol. in-8.   2 fr. 50

LES HOMMES DU MOUVEMENT ET LES HOMMES DE LA RÉSISTANCE, biographie des députés de la chambre de 1830. 1 vol. in-18.   2 fr.

LETTRE D'UN ANCIEN SÉNATEUR A TIMON; la *Presse et le Parlement*. In-32.   50 c.

Procès politiques.

PROCÈS DES ACCUSÉS D'AVRIL devant la Cour des Pairs. — **PROCÈS DU RÉFORMATEUR** devant la Chambre des Députés. — **PROCÈS DES DÉFENSEURS DES ACCUSÉS D'AVRIL** devant la Chambre des Pairs. **10 fr.**

Cette publication, entièrement terminée, est la seule qui présente la réunion complète de tous les actes, documents et faits relatifs au procès d'avril. Elle forme 5 beaux volumes in-8, papier fin satiné.

PROCÈS FIESCHI devant la Cour des Pairs. 3 beaux volumes in - 8, avec un plan de la Chambre des Pairs. **6 fr.**

PROCÈS DES ACCUSÉS DU COMPLOT DE NEUILLY devant la Cour d'assises. 1 vol. in-8. **1 fr. 50**

PROCÈS DES 19 PATRIOTES (ou des Artilleurs). In-8. **2 fr. 50**

PROCÈS ET PRISON. — Impression de Sainte-Pélagie, par H. DAVID DE THIAIS. In-8. **1 fr.**

PROCÈS DU COUP DE PISTOLET. In-8. **75 c.**

PROCÈS DU DROIT D'ASSOCIATION (ou de la *Société des Amis du Peuple*). In-8. **75 c.**

POURSUITES contre M. Cabet. **50 c.**

PROCÈS DU NATIONAL devant la Chambre des Pairs. **40 c.**

C'est le procès dans lequel Carrel a si énergiquement qualifié le jugement du Maréchal Ney.

PROCÈS DU PROPAGATEUR DU PAS - DE - CALAIS. **25 c.**

2e, 3e **PROCÈS** du *Prop. du Pas-de-Calais.* **25 c.**

PROCÈS DU PATRIOTE DE LA COTE-D'OR. 25 c.

81e, 82e **PROCÈS** de la *Tribune*, condamnation à 22,000 fr. d'amende, 5 ans de prison. In-8. **10 c.**

86e PROCÈS de la *Tribune*, condamnation à 24,000 fr. d'amende. In-8.   10 c.

LETTRE D'UN DÉFENSEUR aux accusés d'avril, par M. SAINT-ROMME.   25 c.

PROCÈS DE M. DUPOTY, rédacteur du *Réformateur*. In-8.   20 c.

RÉSUMÉ DU PROCÈS DES 27. In-8.   15 c.

PROCÈS DU PATRIOTE DE L'ALLIER ; discours d'Achille Roche et Trélat. In-12.   10 c.

PROCÈS DE DELENTE (ou des Crieurs publics). In-8.   10 c.

PROCÈS DE LA GLANEUSE ; In-8.   5 c.

PROCÈS ET ACQUITTEMENT DU NATIONAL (affaire de l'ordonnance sur l'avancement), plaidoirie de Me *Michel (de Bourges)*. In-8.   50 cent.

PROCÈS DE HUBER et de ses COACCUSÉS. 1 vol. in-8.   1 fr.

PROCÈS DE LAITY devant la Cour des pairs ; plaidoirie de Me *Michel*. 1 vol. in-8.   1 fr.

PROCÈS DE M. GISQUET contre le *Messager*, 1 vol. in-8.   1 f. 25

LA COLLECTION COMPLÈTE de tous ces procès, formant 12 forts volumes in-8.   25 fr.

M. A. Billiard.

ESSAI SUR L'ORGANISATION DÉMOCRATIQUE DE LA FRANCE, avec cette épigraphe : *la République est un problème à résoudre ;* par Auguste BILLIARD. 1 fort vol. in-8.   7 fr.

ALMANACH POPULAIRE DE LA FRANCE, pour 1838. 1 vol. in-12 carré, de 144 pages, orné d'un grand nombre de jolies vignettes. 8e éd.   10 sous.

DIALOGUE SUR LES CAISSES D'ÉPARGNE, par M. CORMENIN, député. 8 pages in-8.   1 sou.

LES CAISSES D'ÉPARGNE, par M. de LAMARTINE, député. 8 pages in-8.   1 sou.

Plusieurs caisses d'épargne des départements, qui ont fait distribuer à grand nombre ces deux écrits populaires, en ont obtenu d'excellents résultats.

Prix pour les caisses d'épargne : 1,000 exemplaires des deux écrits, 500 de chaque, 25 fr. — 2,000, 48 fr. — 3,000, 70 fr. — 5,000, 110 fr. — Et 10,000, 200 fr. — On peut demander indistinctement l'un ou l'autre écrit.

ŒUVRES COMPLETES DE LORD BYRON, traduites par M. BENJAMIN LAROCHE, avec les notes et les commentaires des auteurs les plus célèbres. Un seul vol. gr. in-8, à deux colonnes, imprimé sur papier jésus vélin, orné d'un portrait de Byron.   10 fr.

Les mêmes, avec gravures.   12 fr.

PHYSIOLOGIE DU GOUT, par *Brillat-Savarin*. Un seul vol. très-grand in-18 sur jésus vélin, de 500 pag.   3 fr. 50

PHYSIOLOGIE DU MARIAGE, par H. DE BALZAC, nouvelle édition. 1 seul vol. in-18, même format que le précédent.   3 fr. 50

CORINNE, ou l'Italie, par Madame de STAEL. 1 seul vol. in-18.   3 fr. 50

ŒUVRES COMPLETES de M. Xavier de MAISTRE. 1 seul vol. in-18.   3 f. 50

Almanachs.

LE TRIPLE LIÉGEOIS,
ou le Nouveau Mathieu Laensberg

Pour 1839.

TROISIÈME ANNÉE.

LE TRIPLE LIÉGEOIS, imprimé avec soin, orné de jolies vignettes, contient 100,000 *lettres de plus* que les plus gros almanachs.

Prix : 6 SOUS ; 100 exemplaires, 20 fr. ; 250, 48 fr. ; 500, 95 fr. ; 1,000, 185 fr. ; 2,000, 360 fr. ou 18 centimes l'exemplaire.

Ceux qui prennent 500 ont droit de faire mettre leur nom et leur adresse sur la couverture.

LE NOUVEAU DOUBLE LIÉGEOIS, 180 pages.
Prix : 5 sous ; 15 fr. le cent.
LE DOUBLE FRANÇAIS, ou le Nouveau Nostradamus, 130 pages.   Prix : 4 sous ; 12 fr. le cent.

LE VILLAGEOIS, almanach de l'agriculture et des campagnes, 110 pages.   Prix : 3 sous ; 10 f. le cent.
PETIT LIÉGEOIS. 80 pag. Prix : 2 sous ; 7 fr. le cent.
LE GROS ALMANACH UNIVERSEL, contenant 300 pages.   Prix : 8 sous ; 25 fr. le cent.

Tous ces Almanachs sont étrangers à la politique.

Imprimerie de Mme Porthmann, 8, rue du Hasard-Richelieu.

QUESTIONS DE DROIT ADMINISTRATIF,
PAR M. CORMENIN.

La 4ᵉ Edition de ce grand et savant ouvrage, à peine annoncée, s'est épuisée rapidement. Pour mettre ce livre à la portée des juges, des avocats et des employés de l'administration qui ont si souvent besoin d'y recourir, l'auteur prépare une nouvelle Edition à bon marché, qu'il fera paraître en un seul volume in-8 à deux colonnes, et par livraisons, pour plus de facilité.

Les Ouvrages suivants sont en vente :

DÉFENSE DE L'ÉVÊQUE DE CLERMONT, TRADUIT DEVANT LE CONSEIL-D'ÉTAT ; suivie de l'Ordonnance royale, de sa Réfutation et du Post-Scriptum ; par Timon. 8 édit.   50 c.

ÉTUDES SUR LES ORATEURS PARLEMENTAIRES, par Timon. 8ᵉ édition. 2 vol.   2 fr. 50

TRES-HUMBLES REMONTRANCES DE TIMON au sujet de la loi dite des *Lapins.* 5ᵉ édition.   50 c.

LETTRES SUR LA LISTE CIVILE et sur l'apanage. 23ᵉ édit. 1 vol.   1 fr. 25 c.

BIBLIOTHÈQUE DES ARTS ET METIERS, *collection de* LIVRES à l'usage des industriels, agriculteurs, fabricants et ouvriers. Cette bibliothèque, exécutée sur un nouveau plan, forme 100 volumes in-18, un LIVRE pour chaque profession. Chaque volume se vend séparément.   1 f. 50, 2 f. ou 2 f. 50

ALMANACHS DIVERS à 2, 3, 4, 5, 6 et 8 sous.

Impr. de Mme PORTHMANN, rue du Hasard-Richelieu, 8.